Elégies

par Guillevic

BILINGUAL EDITION

TRANSLATED WITH AN INTRODUCTION BY

Maurice A. O'Meara

SOUTHERN ILLINOIS UNIVERSITY PRESS

Carbondale and Edwardsville

FEFFER & SIMONS, INC.

London and Amsterdam

Library of Congress Cataloging in Publication Data
Guillevic, Eugène, 1907–
    Elégies.

    I. O'Meara, Maurice A.
    PQ2613.U46E4   841'.9'12   75–26931
    ISBN 0–8093–0737–5

À MON MAÎTRE ET AMI

Alexandre Aspel

Elégie

Il avait du sable dans ses mains,
Ne savait pas
A qui l'offrir.

Oui, cela se passait
Au soleil couchant.

Oui, c'était au bord
De l'océan.

Qu'est-ce
Que ça change ?

Guillevic
19 juin 1972

CONTENTS

AVANT-PROPOS

En 1947 Eugène Guillevic réunit en un petit
livre broché cinquante et un poèmes extraits de son
ouvrage *Exécutoire* (1946). Intitulé *Elégies* et destiné à
un nombre restreint d'amis et de collègues, le petit recueil
comprend quatre mouvements qui expriment la théma-
tique centrale de l'oeuvre de Guillevic et qui portent les
titres suivants : Elégies, Conscience, Rites, et le Temps.

A l'époque de ces publications, la critique et le public
ne semblent attacher de l'importance qu'aux poèmes dans
Exécutoire qui sont inspirés par la seconde guerre
mondiale. La présente collection est pourtant d'une im-
portance capitale, car elle renferme l'expression de l'art
poétique de Guillevic et révèle une vision artistique
d'où se dégage la métaphysique fondamentale du poète,
à savoir, une opposition symbolique entre les éléments
primitifs : l'eau et la terre, zones de l'idéal, contre le feu
et l'air, qui représentent le mal, le péril, ou la chimère.
A la lumière de ces cinquante et un poèmes s'éclaircissent
donc les principales oeuvres subséquentes de Guillevic,
notamment *Carnac* (1961) et *Avec* (1966). Aussi a-t-on
choisi de sortir ce petit recueil en traduction anglaise
avec le texte original en regard. On espère ainsi offrir à
un plus large public un ouvrage extrêmement utile à la
compréhension de la hiérarchie thématique dans la vision
guillevicienne.

Afin de rendre justice à l'art de Guillevic, on a fait des traductions qui sont en elles-mêmes de nouveaux poèmes mais qui restent aussi strictement fidèles que possible aux formes et à l'expression de la poésie originale.

Je voudrais remercier sincèrement M. Tod Perry et ma femme Sally de leurs précieux conseils et de leur assistance à la réalisation de cet ouvrage.

MAURICE A. O'MEARA

4 avril 1975
Carbondale, Illinois

INTRODUCTION

EN ÉCRIVANT *Elégies* E. GUILLEVIC A CONSCIEMMENT
ou à son insu développé l'imagerie fondamentale d'une
unique vision poétique, imagerie qui à la fois présente
un nouvel ordre des valeurs symboliques et constitue un
trait distinctif de son style.

Dans son introduction à *Contemporary French
Poetry* (Alexandre Aspel and Donald Justice [University
of Michigan Press, 1965], p. 11), Alexandre Aspel affirme
que l'auteur d'*Elégies* est un "poète de la matière pre-
mière." *"He is most powerfully attracted by* . . . [*mat-
ter's*] *earthiest forms, by the hard, dark core of rocks,
the sluggish depths of caves, sensing in them the original
home of man, and for that matter the foundation of his
poetic imagination."* Guillevic essaie, poursuit M. Aspel,
de pénétrer les éléments fondamentaux de la matière,
dans son imagination poétique, au moyen des "puissances
magiques de la parole." Ce sont les images du poète qui
produisent une telle magie: *"As in many contemporaries,
these powers are condensed and ordered in precise
images, devoid of loose emotionalism, often bordering
on epigrammatic concision."*

La vision poétique qui se dégage d'*Elégies* témoigne
effectivement d'une vue du monde primitive, et se
distingue par une imagerie puissante. Mais il y a plus.
Un examen détaillé révèle que les images dominantes

dans le recueil sont fondées non pas sur la pierre, comme le propose plus haut M. Aspel, mais plutôt sur deux éléments fluides, à savoir, l'air et l'eau, et que les valeurs de ces éléments suggèrent une opposition des zones aérienne et aquatique qui n'est pas du tout traditionnelle. Les éléments qui, depuis le Symbolisme en France, désignent normalement l'idéal, tels que l'air et le ciel, représentent plutôt chez Guillevic des aspects du mal. Le vrai idéal réside pour lui dans des entités plus humides et tangibles et qui résistent à l'être intime du poète tout en l'accueillant dans une intimité tantôt reposante tantôt troublante. D'autres images adjacentes, notamment la bave et le vin d'une part et de l'autre le nuage, le brouillard et le vent, symbolisent des forces ou des expériences intermédiaires qui complètent en quelque sorte la gamme des images fluides. A travers la riche polyvalence des images-symboles sur lesquelles Guillevic établit ces valeurs poétiques, une hiérarchie des images fluides paraît nettement discernable.

L'ideal. Le liquide, et surtout l'eau sous diverses formes, constitue la zone idéale, celle du bonheur accompagné de sentiments de sûreté et de paix.

> Ils sont heureux
> Ceux pour qui l'eau
> Est la patrie.
> Ils voient les lacs et les rivières
> Et tout s'apaise
> Dans la bénédiction des eaux.

Dans une telle ablution symbolique l'eau prend un caractère sacré, devient une espèce de sacramental poétique pour des êtres privilégiés. Le mystère de leur inspiration, voire de leur dynamisme vital, demeure également dans l'eau. Guillevic le révèle dans la suite du poème:

Plus loin, plus bas, au fond de l'eau,
Est le secret qui les conduit,
Rêvant et soulevés
Par le vent de l'aval.

Il ne s'agit évidemment pas ici d'une force aérienne. Ce "vent de l'aval" n'est autre qu'un courant dans la profondeur de l'eau, un courant frais et libre comme le vent, mais qui—s'associant au "secret" du "fond de l'eau"—participe d'une expérience sous-marine mystérieuse qui fait penser à un rêve rimbaldien.

En lisant *Elégies,* on détecte souvent dans l'eau une qualité sensuelle qui s'allie au mystère dans l'obscurité.

C'était la nuit encore plus noire
Où laisser nos deux corps
A cette eau douce des lavoirs.

Dans une autre "élégie," un liquide plus visqueux et d'une nature surprenante suggère l'idéal, c'est la bave d'une bête gastropode:

. . . la patrie est dans les caves
Avec la bave des limaces.

Une autre fois, c'est le vin qui symbolise l'idéal, un vague idéal d'amour.

Nous avons bu à la dérobée
Dans des verres intacts
Du vin qui peut-être
Etait pour nous.

Mais c'est surtout dans l'eau que le poète croit trouver l'idéal qu'il rêve, un idéal qui, bien que réconfortant et sensuellement délicieux, semble dans le fond impuissant à offrir une solution d'oracle aux grands problèmes métaphysiques.

Mais la source,
Nous avons rêvé
De la supporter,

D'y plonger les mains
Pour le pur plaisir,

Sachant qu'elle aussi
N'est pas l'ouverture
Qui dirait les mots.

Parfois d'ailleurs, son idéal liquide se trouve contaminé par l'ennui et un sentiment d'oppression.

Et des étangs qui bâillent
On dirait contre un mur
Qui les tiendrait couchés.

Et le souvenir du mal y demeure comme une ombre
derrière l'idéal.

> Ils s'assoient dans les joncs et voient que tout s'achève
> Dans l'eau qui se souvient
> D'avoir fini sa peine.

Dans une "élégie" exceptionelle la zone idéale devient
un véritable lieu de menaces, le pays natal de monstres
hostiles.

> . . . il nous a vus dressés pour livrer la bataille
> Aux monstres protégés
>
> Qui se font dans l'humide
> Et qui voudront venir
> Nous fermer les sentiers.

Quel idéal pourtant ne s'accompagne de dangers? Il
convient de rappeler, du reste, qu'ici l'exception confirme
la règle.

En dépit de tels dangers et malgré certaines limites
posées à sa valeur métaphysique, l'idéal désigné par les
images aquatiques reste inviolable et sûr. Mais il n'est
pas pour autant compréhensible. Il faut plutôt le sentir
ou le deviner:

> Que signifiaient les cols des cygnes
> Et les bergers sur les images?
>
> Mais que signifiaient l'eau
> Et la mousse au printemps
> Quand vivre devient bon.

Dans *Elégies* l'idéal se résume donc par un sentiment mystérieux de bonheur et de vie associé à des entités liquides et tout particulièrement à l'eau.

Le mal. Ce sont les images aériennes dans le recueil qui s'opposent aux images liquides de l'idéal.

> Avec les fontaines au fin fond des terres
> Nous avons été.
> Avec les fontaines sous le poids des algues
> Nous avons été.
> C'était contre l'air
> Et probablement
> Pour ne plus parler.

Une telle opposition des images nous fait sentir la tension d'un drame primordial qui semble émerger du conflit des éléments.

Dans le poème dernièrement cité, l'opposition reste plus ou moins personnelle. Mais elle s'exprime ailleurs sur un plan vraiment mythique. La barque, image traditionnelle de tout ce qui s'aventure dans la vie, et normalement destinée à flotter sur la haute mer, symbole de la vie, se perd et se détruit dans un "voyage au ciel."

> Ce n'est pas nous qui avons lancé
> La barque dans le ciel où elle éclatera,
> Si fort elle pointe et monte.
>
> Nous n'avons rien voulu
> De ce demi-liquide
> Où tout se perd.

Le poète, en appelant l'air un "demi-liquide," suggère que ce gaz n'est qu'un faux liquide et par là un faux idéal. L'on détecte en même temps dans cette périphrase une note de dérision ou de mépris de la part de Guillevic pour la zone aérienne. A la suite de son aventure dans le ciel, la barque sera désormais anathème ou condamnée à un exil céleste.

> Qu'elle aille, qu'elle éclate
> Et se fasse rayon de lune à l'été proche
> Pour quelque lac.
> Ou bien si par hasard elle revient un jour,
> Nous n'irons pas vers elle
> Pour quérir sa réponse.

Le ciel, et en effet tout ce qui s'associe à l'air, comme le rayon de lune dans cette dernière citation, représentent chez Guillevic quelque chose de mal.

> Souviens-toi, tous les ciels
> Etaient marqués de haine.
> . . . .
> Toujours ils étaient vagues
> Avec leurs cumulus
>
> Et puis l'écran pour des figures
> Irrecevables.

La haine des ciels, une attitude distante et hautaine de la part des gros nuages, et la cloison séparatrice que l'air lui-même semble dresser, s'allient ici comme pour nous repousser ou nous renvoyer.

Guillevic dédaigne jusqu'à la couleur du ciel—l'azur idéal des symbolistes.

> Les délices de l'azur étaient pour la colline,
> Pour le sommet des arbres
> Et l'oisif épervier.

Il y voit encore certaines délices, mais pas pour lui-même. Le vent, image traditionnelle de l'inspiration et de transports grandioses, se fait mesquin et redoutable dans *Elégies*.

> A genoux sous le vent
> Qui fait sa confidence
> Au gouffre dans le ciel.
> A genoux pour qu'il passe et nous voyant soumis
> N'en cherche pas plus long.

Ailleurs le vent représente le temps qui, s'enfuyant, emporte avec lui les expériences de la vie.

> Il aura trop tenu
> Dans le fond de sa paume
> En face de la mer
>
> Du sable que le vent
> Y prenait grain par grain
>
> Celui qui tient la peur
> De devenir nuage.

Le nuage est, dans les vers dernièrement cités, une substance intermédiaire entre l'air et l'eau, mais qui se réduit à la faible aspiration banale et futile de celui qui ne trouve pas le courage de s'assimiler à l'humidité de ces vapeurs. Un tel personnage ne serait jamais capable de s'identifier à l'eau.

C'est surtout à midi dans la chaleur du jour que la zone aérienne, desséchée par le soleil, représente une sphère inféconde.

> Midi c'est l'étranger
> Qui se nourrit en vain
> De l'étendue des prés
> Et des furies d'insectes

L'isolement et le sentiment de futilité exprimés par l'image de "l'étranger qui se nourrit en vain" se cristallisent dans la sécheresse suggérée par les "furies d'insectes" à midi.

~·~·~·~

LA SYNTAXE DANS *Elégies* a elle aussi une fonction symbolique: elle suggère, à l'instar d'une image, la fluidité dans la vision artistique du poète. Guillevic se sert de constructions nominales parfois pour souligner d'une manière exclamatoire son exaspération devant la sphère aérienne.

> Trop de brouillard
> Pour trop de ciel et trop de vent.

L'exaspération aboutit parfois à une révolte violente.

Et celui qui criait
Dans la sphère d'absence,

Qui voulait que ce fût à ses mains d'étrangler,
Sur l'azur vertical,

Les fleurs géantes et bleues
Qui tombaient du soleil.

Cette révolte n'épargne même pas la beauté et la délicatesse du ciel et de sa couleur qu'il s'agit d'écraser sous forme de fleurs symboliques.

La syntaxe du poème dernièrement cité fournit un bel exemple de la concision d'épigramme relevée par M. Aspel dans ses commentaires sur le style de Guillevic. Le vague personnage auquel Guillevic s'identifie dans ce poème paraît comme un fantôme qui émerge du subconscient du poète, car il n'y a pas de proposition principale pour révéler ce que fait le personnage. Les seuls verbes sont ceux des propositions relatives qui sont destinées à suggérer que c'est lui le personnage révolté contre les fleurs tombant dans la voûte d'azur. Cette dernière illustration d'une syntaxe elliptique n'est pas exceptionnelle dans *Elégies*. La syntaxe de Guillevic y est généralement informe, ou prend plutôt une forme sans contours précis à la manière d'un fluide. Une telle fluidité syntaxique orchestre avec un art discret mais bien efficace les images fluides qui dominent dans le recueil.

Ainsi est-il évident que la magie poétique mentionnée par M. Aspel n'est pas uniquement "magie" dans le sens de "sorcellerie évocatoire" comme chez Baudelaire et les symbolistes, mais aussi une magie qui fait penser à la sorcellerie africaine ou vaudou. C'est à dire qu'il s'agit d'une sorte de magie primitive et dramatique fondée sur des associations de termes à puissance autonome et qui n'ont pas besoin d'être intellectualisés par une syntaxe normale.

Les images fluides surgissent sur les pages d'*Elégies* comme des puissances, des forces vitales qui se confrontent dans le drame psychique du poète et s'organisent dans une hiérarchie bien originale de valeurs métaphysiques. Cette hiérarchie des valeurs produit la vision artistique fondamentale du recueil, et constitue un trait distinctif du style de Guillevic. L'eau, le vin, et la bave—en représentant dans cette vision les éléments idéaux— suggèrent tour à tour le bonheur fondé sur une vague impression de sûreté, une sainteté quasi brute, et un sentiment d'amour naturel imprégné d'une discrète sensualité. Bien que l'étang (plus ou moins statique) soit atteint d'une espèce d'ennui, la source offre un "pur plaisir." L'air, par contre (ce "demi-liquide"), l'azur, le ciel, le vent, et même le nuage et le brouillard symbolisent plusieurs degrés de mal, de vanité, de déception, ou de lâches aspirations futiles et banales. Le poète se sent obligé d'éluder les éléments aériens et de s'identifier pleinement aux substances liquides.

<hr />

L'ON RECONNAÎT AISÉMENT DANS *Elégies* CERTAINES affinités avec la vision poétique de Rimbaud dans le

Bateau Ivre. La zone idéale de Guillevic diffère un peu tout de même de celle de Rimbaud, qui—étant descendu symboliquement dans la mer (image d'une expérience idéale fantastique)—se trouve finalement déçu par ses aventures dans le "Poème de la mer." La vision guillevicienne est encore plus proche de celle de Valéry dans *Le Cimetière Marin.* Le poète de Sète, déçu par l'idéal intellectuel du ciel et de l'air méditerranéens, opte finalement lui aussi pour l'eau, la mer, symbole de la vie dynamique et source de toute vie terrestre, mais sans s'identifier avec autant de confiance que Guillevic à la substance liquide. Ce dernier s'approche de l'eau, désirant s'y assimiler. Puis, cette synthèse anticipée demeurant impossible, il doit se contenter de l'affinité naturelle qu'il ressent entre sa personne et l'eau qui l'accueille. C'est justement dans ce dernier sens qu'il rejoint F. Ponge dans une "esthétique des choses" (Aspel and Justice, *Contemporary French Poetry,* p. 11).

Le cinquième poème dans "Conscience" révèle plus nettement la notion de cette sûreté primordiale dans le liquide. Ici, la préférence du poète pour la zone liquide, la zone du bien-être et de la paix, semble être basée sur quelque souvenir du temps passé dans la matrice.

On retrouve son jour avec le souvenir
D'avoir été soi-même à l'intérieur du sang,

D'avoir déjà coulé à travers des tissus
Qui voulaient s'opposer par des bouches de rien,

D'avoir été liquide lourd et devinant
Que pour ceux du dehors

On était forcément
D'un rouge un peu fâcheux.

Ce lieu est d'ailleurs traditionnellement associé à la source éventuelle de toute vie terrestre qu'est l'eau de la mer. Il va sans dire que le souvenir des moments de sûreté et de bonheur vécus dans l'utérus n'est pas une notion originale, mais la présence d'une telle image dans ce poème achève de prouver que la hiérarchie des valeurs métaphysiques qu'on a précédément fait ressortir est un trait fondamental et distinctif de l'esthétique poétique de Guillevic.

La vision artistique dans *Elégies* nous offre en effet une nouvelle et passionnante vue du monde fondée sur une étonnante opposition d'images primitives caractéristique de la poésie guillevicienne, et qui renverse la tradition des valeurs symboliques.

Elégies

Il y en a qui doivent
Parler, parler encore à l'ombre dans les coins

Des plaies qui cicatrisent avec beaucoup de mal
Dans la nuit la plus claire

Et des étangs qui bâillent
On dirait contre un mur
Qui les tiendrait couchés.

Il y en a qui doivent
Longer ce mur, le même,
Et tâcher de l'ouvrir

Avec des mots, des noms qu'il s'agit de trouver
Pour tout ce qui n'a pas de forme et pas de nom.

There are some who must
Speak, speak on to the shadow in the corners

About scarring wounds which are hard to heal
On the clearest of nights

And of ponds, yawning
One might say, in the face of a wall
That would hold them down.

There are some who must
Hug that very wall,
And try to open it

With words, with names still to be found
For that which has no form and has no name.

Ils sont heureux
Ceux pour qui l'eau
Est la patrie.

Ils voient les lacs et les rivières
Et tout s'apaise
Dans la bénédiction des eaux.

Plus loin, plus bas, au fond de l'eau,
Est le secret qui les conduit,
Rêvant et soulevés
Par le vent de l'aval.

Ils s'asseoient dans les joncs et voient que tout s'achève
Dans l'eau qui se souvient
D'avoir fini sa peine.

Happy are they
For whom water
Is home.

They gaze upon lakes and rivers
And all is lulled
In the blessing of the waters.

Farther on, down, in the water's depth
Lies the secret that leads them
Dreaming and swept up
By the wind from below.

They sit among the reeds and see everything fulfilled
In the water that remembers
Having finished with its pain.

A ceux qui sont hagards
Dans les salles d'auberge
Et devant qui les murs
Se défont en passant
Comme autant de nuages

On essaierait en vain
De leur poser les doigts
Sur un pichet d'eau froide.

For those haggard folk
In transient rooms,
Before whom the walls
Dissolve and part
Like so many clouds

It would be futile to try
Placing their fingers
On a jug of cold water.

Midi c'est l'étranger
Qui se nourrit en vain
De l'étendue des prés
Et des furies d'insectes

Quand la patrie est dans les caves
Avec la bave des limaces.

Noon is the outsider
Who feeds in vain
On the stretched-out fields
And on furies of insects

When home is in the wine-cellars
With the drool of slugs.

Il aura trop tenu
Dans le fond de sa paume
En face de la mer

Du sable que le vent
Y prenait grain par grain

Celui qui tient la peur
De devenir nuage.

He must have held too tight,
In the hollow of his hand,
Looking out on the sea,

Some sand the wind
Was taking grain by grain

He who harbors fear
Of becoming mist.

Mais la source,
Nous avons rêvé
De la supporter,

D'y plonger les mains
Pour le pur plaisir,

Sachant qu'elle aussi
N'est pas l'ouverture
Qui dirait les mots.

to Marcel Arland

Ah, the fount,
We have dreamed
Of bearing it,

Of plunging in our hands
For the pure pleasure,

Knowing that it too
Is not the opening
That would speak the words.

Souviens-toi, tous les ciels
Etaient marqués de haine.

Nous n'avions pas l'idée
D'aller nous y asseoir
Pour nous tenir les mains

Et moins encore l'idée
De nous mettre à genoux
Devant eux et leur dire
Ce qu'était notre peine.

Toujours ils étaient vagues
Avec leurs cumulus

Et puis l'écran pour des figures
Irrecevables.

Think back, all the skies
Were stamped with hate.

We hadn't intended
Going there to sit
And hold hands,

Intended even less
To fall to our knees
Before them, to tell them
Why we hurt.

Always they were vague
With their puffy clouds

And their ways for screening out
Uninvited faces.

Ce n'est pas nous qui avons lancé
La barque dans le ciel où elle éclatera,
Si fort elle pointe et monte.

Nous n'avons rien voulu
De ce demi-liquide
Où tout se perd.

Qu'elle aille, qu'elle éclate
Et se fasse rayon de lune à l'été proche
Pour quelque lac.

Ou bien si par hasard elle revient un jour,
Nous n'irons pas vers elle
Pour quérir sa réponse.

We are not to blame for hurling
The boat up in the sky where she will break
From pitching and tossing so.

We wanted nothing
Of that would-be liquid
Where everything comes to loss.

Let her go, let her crack
To become next summer's moonbeam
For some lake.

Or if by chance she should return one day
We shall not approach her
Seeking her reply.

A genoux sous le vent
Qui fait sa confidence
Au gouffre dans le ciel.

A genoux pour qu'il passe et nous voyant soumis
N'en cherche pas plus long.

Qu'il n'aille pas hurler
Au fond du bois, à la vallée,

Qu'il nous a vus dressés pour livrer la bataille
Aux monstres protégés

Qui se font dans l'humide
Et qui voudront venir
Nous fermer les sentiers.

On our knees under the wind
That tells its secret
To the bottomless sky.

On our knees, that it might pass and seeing us humbled
Quest no more.

Let it not go howling
In the depths of the wood, in the valley,

That it has seen us alerted to battle
The hidden beasts

Which are born in the damp
And will want to come
And close off our paths.

Et celui qui criait
Dans la sphère d'absence,

Qui voulait que ce fût à ses mains d'étrangler,
Sur l'azur vertical,

Les fleurs géantes et bleues
Qui tombaient du soleil.

And he who was screaming
In the sphere of absence,

Who wished it were his hands,
Up in the azure vault, strangling

The giant blue flowers
As they tumbled from the sun.

On partait pour lutter
Contre les figures pâles
Qui flottaient dans la nuit,

Mais le meilleur moyen
C'était de se serrer
Dans une chambre basse
Sur un corps de rencontre.

We were leaving to struggle
With pallid faces
Floating through the night,

But the best way
Was to snuggle tightly
In a dumpy bedroom
On a random body.

Avec les fontaines au fin fond des terres
Nous avons été.

Avec les fontaines sous le poids des algues
Nous avons été.

C'était contre l'air
Et probablement
Pour ne plus parler.

With the fountains in the dark depths of earth
We have dwelled.

With the fountains under the algae's weight
We have dwelled.

It was to spite the air
And probably
To keep from talking.

Ceux qui sont à la pointe
Et vont dans l'avenir
Comme un carrier va dans la pierre,

Sachant que tout ce monde en travail de sommeil
N'est pas le corps tenu
Dans la main d'un plus fort qui le garde et le veille,

Il faut leur pardonner jusqu'à la volonté
D'étreindre un jour sur la montagne au crépuscule
Un corps qui les repose

Et l'autre volonté parfois,
Dans la durée,
De se fermer les yeux
Sur le bord d'un étang.

Those who are up at the point
And go into the future
As a quarryman goes into rock,

Knowing the whole sleepworking world
Is not this body held
In the hand of someone stronger, a vigilant guard,

They must be forgiven even for their intent
Some day on the mountain at dusk to embrace
A body oasis

And sometimes for the other intent,
Persistent,
To cover their eyes
At the edge of a pond.

Nous avons bu à la dérobée
Dans des verres intacts
Du vin qui peut-être
Etait pour nous.

Nous avons bu à la dérobée
Au milieu des foules
Qui remuaient pour le soleil.

C'était au sortir de nos labyrinthes
Et nos mains n'étaient pas sûres.

Les délices de l'azur étaient pour la colline,
Pour le sommet des arbres
Et l'oisif épervier.

Nous avons eu notre heure et nous avons pensé
Protéger des prairies et jusqu'à l'étendue.

Nous avons aimé à la dérobée
Et nous avons su qu'on ne peut guérir
De trop de joie dans peu de temps.

to René Bertelé

We drank in secret
From virgin cups
Wine which perhaps
Was for us.

We drank in secret
Amid the crowds
That were stirring for the sun.

It was the day we emerged from our labyrinths
And our hands were still unsure.

The delights of the blue were there for the hill,
For the tops of the trees
And the idle hawk.

We had our turn and we thought
We'd protect meadows and even plains.

We loved in secret
And we learned that too much joy
Cannot be healed so soon.

Nous nous assemblerons sur un coin de la lande
Et nous verrons la mer encore
Mais d'assez loin.

Nous aurons à nous dire
Et plus encore à boire.

Puis nous nous étreindrons pendant que la nuit tombe
Et couvre la rosée

En attendant le feu
De la roche et du bois.

We will gather on a piece of the land
And the sea will still be in sight
But far away.

We'll have things to say
And still more to drink.

Then we will hug as darkness descends
And covers the dew

Awaiting the fire
Of rock and wood.

Nous trouvions que la nuit
Est chose naturelle
Et que le jour
Est difficile.

Mais cette nuit pourtant
N'avait pas notre accord.

Celle que nous voulions
Etait bien plus épaisse
Et répondait aux doigts.

C'était la nuit encore plus noire
Où laisser nos deux corps
A cette eau douce des lavoirs.

We found that night
Is a natural thing
And that day
Is what is hard.

And yet this night
Did not suit us.

The one we wanted
Was much more dense
And responsive to our touch.

It was an even blacker night
For drifting here together
In sweet washbank water.

Que signifiaient les cols des cygnes
Et les bergers sur les images?

Mais que signifiaient l'eau
Et la mousse au printemps
Quand vivre devient bon.

What did the swans' necks mean,
And the shepherds in those pictures?

Well, what did water
And moss mean in springtime
When life turns to joy.

Nous nous sommes tenus
Devant des feux de bois

Et sachant que la flamme
Etait notre désir,

Nous n'avons rien trouvé
Que nous serrer les mains

Et détourner les yeux
Vers l'ombre fatigante.

We stood there
By wood fires,

Aware that the flame
Was our desire,

Yet found nothing to do
But hold hands tightly

And turn away our eyes
Toward the tiring night.

à Colomba

J'avais épousé la branche du saule
Et bien entendu la plus mal venue.

Nous n'avons pas fait de ces longs voyages
A travers nuages
Vers un fond du ciel.

Mais je suis resté
Pendant des instants ou l'éternité
Comme de l'eau dans l'eau.

—Et c'est maintenant qu'il faudrait savoir
Qui, sur le bord de la rivière,
Toucha son épouse,
La branche du saule,

Si c'est encore celui qui souffre tellement
Dans tellement de paysages.

I had married the willow branch,
The most unwelcome one of course.

We took none of those long trips
Through clouds
Towards a distant sky.

But I remained
For moments or eternity
Like water in water.

—And now it is time to find out
Who, on the river's bank,
Touched his bride,
The willow branch,

If it's still the one who suffers so
In so many landscapes.

Trop de brouillard
Pour trop de ciel et trop de vent.

Alors on cherche
Comme un métal qui se renfrogne

Ou bien l'oiseau qui préféra
Tourner en pierre

Et qui crierait,
Qui frapperait

Si on lui parlait bas
Du jour et de la nuit
Dehors, dans les espaces.

Too much fog
For too much sky and too much wind.

So we look for
A kind of frowning metal

Or the bird who preferred
To turn to stone,

Who would scream,
Who would strike

If we spoke low to him
About the day and the night
Outside, in the open spaces.

Conscience

Sur plus d'une colline au milieu du vert
Les chemins sont nus

Comme des mains de femme
En pays d'exil

Et creusés trop fort pour pouvoir encore
Etre un peu creusés par les pluies d'été.

Mais las de n'aller
A rien qui soit chair,

Vois-les se lever,
S'offrir tout entiers

Et venir en nous
Pour continuer.

On many a hill, dividing the green,
The paths are bare

Like hands of a woman
In exile

And worn too deep to endure
More erosion by summer rains.

But sick of avoiding
Things of the flesh,

See them rising
To give themselves wholly

And come within us
To continue.

Plus ouverts que le chêne
Ouvert sur le talus,

Ecoutant s'espacer,
Comme une eau dans la grotte,

Les mots qu'il faut garder
Pour se refaire un mur.

More open than the oak
Spreading over the rise,

Listening to the sprinkling,
Like a trickle in the cave,

Of the words that we must keep
To rebuild ourselves a wall.

Le printemps nous fut accordé
Parmi les fleurs venues briller.

Aussi l'été nous fut donné
Dessous le vol de l'épervier.

Mais nous avions d'autres travaux
Que la beauté,

Et d'abord apprendre
A devenir forts,

Lourds plus que l'espace,
Forts plus que le poids.

We were granted spring
In the midst of flowers come to shine.

And so we were given summer
Under the flight of the sparrow hawk.

But we had other concerns
Than beauty,

And first to learn
To grow strong,

Heavier than space,
Stronger than weight.

Le vin
Etait au creux des verres

Comme la folie
Sur le soleil

Et les moissons
Pouvaient pourrir.

Wine dregs
Stood in the glasses

As madness
On the sun

And the harvests
Could rot.

On retrouve son jour avec le souvenir
D'avoir été soi-même à l'intérieur du sang,

D'avoir déjà coulé à travers des tissus
Qui voulaient s'opposer par des bouches de rien,

D'avoir été liquide lourd et devinant
Que pour ceux du dehors
On était forcément
D'un rouge un peu fâcheux.

to Georges Braque

We can bring back our day with the memory
Of being alive inside blood,

Of having already flowed through tissues
That tried resisting with trivial mouths,

Of being heavy liquid, and guessing
That to those on the outside
We must have been
A slightly annoying red.

Dans la grotte aux glaçons
Où la lumière eut peur,

C'est là pendant des mois
Que nous avons été,
Sous les glaçons.

Mais ce n'est qu'une image
Et besoin d'une image,

Car nous étions tapis
Dans un lieu sans figure,

Bien au-dessous de la parole.

In the icicle cave
Where light froze, afraid,

There we stayed
For months,
Under roofs of ice.

Yet it's merely an image
And need for an image,

For we were cramped
In a faceless hiding-place

Far beneath expression.

Les fonds sont raclés,
S'il y a des fonds.

Et ce long travail
Ne va pas sans bruit
Qui déchire et grince.

Mais racler sans honte
Et sans trop d'horreur

Est un acte, aussi,
Qui vaut bien vos nuits
Sous les yeux des anges.

The bottoms are scraped,
If there really are bottoms.

And this long chore
Is not without noise
Ripping and squeaking.

Yet to scrape without shame,
Without too much aversion

Is as worthy a deed
As the nights you spend
Under the angels' eyes.

Il faudrait voir sur chaque objet
Que tout détail est aventure

Pour des milliers
Qui s'y sont mis
A faire un monde,

A faire un monde
Contre la mer

Qui est autour,
Qui n'est pas eux.

One should notice on each little thing
That every detail is adventure

For thousands
Who have set out
To build a world,

To build a world
Against the sea

All around them,
And outside them.

Tu regardes un caillou ramassé par hasard
A l'abri d'un buisson

Et puis tu t'aperçois
Que plus tu le regardes
Et plus sa force est grande

A t'éclater les yeux que tant de choses appellent
Et que l'ombre choisit

Quand le soleil est cet oeil lourd
Clamant midi.

You look at a pebble picked up by chance
In the shelter of a bush

And you suddenly notice
The more you watch it
The greater its power

To dazzle your eyes that so many things beckon
And the shade selects

When the sun is that heavy eye
Trumpeting noon.

D'avoir dit : la folie,
De son nom le plus vrai

Autant qu'on peut savoir,

De l'avoir aperçue qui pourrait bien venir
Mesurer chichement la place et la lumière
Où s'y connaître encore,

Elle est beaucoup plus calme, on dirait,
Et s'éloigne.

Once we've called madness
By its truest name,

The truest we could find,

Once we've perceived it as being quite apt
To come dole out stingily space and light
In which to know ourselves once more,

It is much more calm, on the surface,
And goes away.

Les betteraves dans la terre
Détrempée par l'automne

Ont voulu s'enfoncer
Pour se garder du froid

Et ne sont pas plus nues,
Pas plus livrées que nous.

The beets in the earth
Soaked by autumn

Tried to sink deeper
To hide from the cold

And are no more naked,
No more committed than we.

Un tronc d'arbre qui reste
Où la scie a passé,
On en refait le tour.

On met la main sur les montagnes
Que fait l'écorce.

Et c'est bien tout: le jour
A des milliers d'insectes
Qui vivent de victoires.

A tree trunk remaining
Where the saw has passed,
We go around it again.

We set our hands on the mountains
The bark makes.

And that's it: the day
Has thousands of insects
Thriving on victories.

Les feuilles, les taillis
N'ont pas besoin de vous, oiseaux,
A crier tant,

Pour apprécier le goût du ciel
Au petit jour.

The leaves, the brushwood
Don't need you, the birds,
With all that screeching,

To enjoy the taste of the sky
At early dawn.

Le métal est au centre et hurle sans la rouille
Et sous la rouille encore il crie:

Qu'il faut aller, que c'est trop long, qu'il veut aller,
Qu'il est poussé, qu'il n'a personne,
Qu'il est métal

Et qu'il y a des fleurs
Qui osent.

Metal is central and howls without rust,
And even under rust it screams:

That something has to go, it's too long, he wants to go,
He's being pushed, he has no one,
He's metal

And there are flowers
Who dare.

Rites

Le feu de joie
D'un brin de bois

Qui fit tant de couleurs
Et prit tant de figures,

C'était pendant les grands couloirs,
Les souterrains,

Quand nos corps s'égrainaient
Dans les brouillards du temps.

The flaming joy
Of a burning stick

That shown so many colors
And showed so many faces,

Came at the time of great hallways,
Underground,

When our bodies were dispersing
In the fogs of time.

Quand au ciel se jouent
Les règles qui font les soleils couchants,

C'est un devoir prescrit
De toucher dans son vol le ventre de l'oiseau,

L'accompagnant ainsi de colline en colline
Et par dessus les lacs,

Pour finir avec lui
Allongé dans un nid

Et ramassé autour
D'un petit peu de temps.

When in the sky come into play
The rules that make sunsets,

The law prescribes
That one touch the belly of a bird in flight,

And join it in flying from hill to hill
And over the lakes,

To come rest by him
As he lies in a nest

Curled up on top
Of a tiny bit of time.

On venait de loin
Pour croire à la fête.

Or ce n'était,
Après les landes, après les mares,

Après les pluies, après les nuits
Et l'eau étale sur bien des terres

Qu'un peu de feu éclairant des hommes
Qui ne parlaient plus.

Et cependant des jours s'ouvraient
Dans l'étendue.

We came from afar
To witness the fun.

But we found,
After trekking through fields and ponds,

Through rain and darkness
And swamp on land after land

A mere campfire glowing for men
Who no longer spoke.

And yet, days opened up
In the space beyond.

On peut bien dans le noir
Allumer la bougie

Et s'asseoir auprès d'elle
Sur la table posée

Pour le très grand plaisir
De regarder la flamme.

In the dark one can indeed
Light the candle

And sit by it
On the table there

For the awesome pleasure
Of watching the flame.

Moins grand
Que les rouages du vent,

Mais je pose une pierre
Et je la retiens.

J'ai mangé mon pain
Mouillé de salive,

J'ai lavé mon verre
Dans l'eau qui voulait

Et je peux m'asseoir
Pour sentir aux doigts
La teneur du jour.

Lesser
Than the workings of wind,

Still I place a stone
And I hold it back.

I've eaten my bread
Wet with saliva,

I've washed my glass
In the willing water

And I can sit
And feel with my fingers
The essence of daylight.

On pouvait égaler jusqu'aux champs de blé,
Certains jours d'été.

On pouvait se coucher sur le ventre et crier
Que la chaleur fait mal.

Et s'endormir après, les lèvres dans l'espace,
Plein de soleil et d'étendue.

We could feel just like wheat fields,
On certain summer days.

We could lie prostrate and scream
That heat hurts.

And afterwards fall asleep, with parted lips,
Full of sun and space.

à Alberte Le Bourbis

On avait liberté
De marcher tout le jour dans les terres labourées

Pour trouver vers le soir,
Au centre d'un buisson,

Un silex égaré
Où la flamme a pris forme.

to Alberte Le Bourbis

We had the privilege
Of walking all day in the turned fields

To find toward evening,
In the middle of a bush,

A misplaced flint
Where flame has formed.

Puisqu'un mot c'est du sang
Et donc vaut sacrifice,

Quand nous étoufferons
Du lourd volume en nous de quelques anciens crimes,
Qui peut-être après tout auront été nos crimes
Si ce n'est pas pour rien qu'ils occupaient nos nuits,

Il ne restera plus qu'à trouver la fontaine
Qui fait silence au plein des terres

Et dire, à la surface noire et verte
Ou derrière elle:

"Soeur du chaos,
"Rends-nous la nuit
"Pour le sommeil."

Since a word is made of blood
And hence equals sacrifice,

When we eventually choke
Inside on the heavy bulk of a few former crimes,
Which perhaps, after all, must be our crimes,
If it is not in vain that they claimed our nights,

We will have only to find the fountain
That spells silence in the midst of lands

And say, at the surface of black and green,
Or beyond it:

"Sister of chaos,
Restore the night
For sleep."

Rien à saisir encore
Que les bruits du silence,

Mais la tiédeur pensée
De la bête écorchée
Dans une écurie noire

Au fond de ce silence
Où l'on peut tout savoir.

Still nothing to grasp
But the noises of silence,

Or the mindful warmth
Of the animal flayed
In a black stable

Immersed in this silence
Where we can know infinity.

Time

(Le Temps)

to Francis Ponge

Le temps qui peut changer
Le nuage en nuage
Et le roc en rocaille,

Qui fait aussi languir
Un oiseau dans les sables

Et réduit au silence
De l'eau pure tombée
Dans l'oubli des crevasses,

Le temps existe,
A mi-chemin.

Time which can change
Cloud into cloud
And rock into stone,

Which also causes a bird
In the sands to languish

And reduces to silence
Pure water fallen
Into crevasses of oblivion,

Time exists
Halfway between.

Dans l'arbre privé de fruits et de feuilles
Qui déjà se lasse

Des rameaux jouant pour ne pas trop voir
Le soleil couchant,

Une pomme est restée
Au milieu des branches

Et rouge à crier
Crie au bord du temps.

In the tree deprived of fruit and leaves
And already growing weary

Of its limbs which play at hide and seek
With the setting sun,

One apple remains
Among the branches

A screaming red
And screams on the edge of time.

La porte en bois mouillé
Au fond du jardin
Qui n'ouvrait pas,

Elle en savait long
Sur les moisissures
Et le fer des gonds

Et nous a poussés
Dans les bras du temps.

The door of damp wood
At the back of the yard,
Which would not open,

Was an old-time expert
On mildew
And iron hinges

And pushed us
Into the arms of time.

Des rapports sont là,
Entre vent et temps,

Mais toujours de l'ordre de la mer,
Comme les écailles,

Et nous sommes exclus.

Ties exist
Between wind and time,

But always marine in nature,
Like scales,

And we are excluded.

Il y a plus de temps

Dans un chaudron troué,
Gagné par les orties,

Ou touché du soleil
Dans la cuisine égale

Que sur la route
Et les cadastres.

There is more time

In a cauldron with holes,
Overrun with nettles,

Or touched by the sun
In a level kitchen

Than on the open road
And surveyed lands.

Entre deux méfaits
Le temps vient toucher
L'ombre son épouse
Au plus creux des chambres

Et c'est elle qui sait
Comment vont les plaies.

Between two misdeeds
Time comes to touch
The shadow, his spouse,
In the depths of the rooms

And she is the one
Who knows how the wounds are.

Un autre temps parfois vient se donner en nous
Le volume ou le poids.

Et nous voici pareils
A la pomme acceptant

De s'enfoncer dans l'air, chargée du bleu des jours
Et de la peur qui fait les nuits,

Ou pareils à la mare
Dessous les nénuphars et les nuages
Quand l'eau se pèse au poids de son heureux silence.

On ne possède rien, jamais,
Qu'un peu de temps.

A different time on occasion comes to affirm in us
Its volume or weight.

And here we remain
Like the apple resigned

To sinking in air, laden with the blue of days
And the fear which engenders nights,

Or like the pool
Under water-lilies and clouds
When water lies heavy with the weight of its happy
    silence.

Nothing is ours, ever,
But a little time.

Notre désir était d'aller toujours plus vite
Et plus loin que le temps,

De plonger avant lui dans le plomb de la masse
Qui est ce qui n'est pas encore,

De saisir un objet
Que le temps n'aurait pas encore habitué

Et couché contre lui près de la rive obscure,
De voir le temps peiner vers nous
A travers siècles et nuages.

Our desire was to go ever faster
And farther than time,

To plunge ahead of it into the leaden mass
Of that which does not yet exist,

To take hold of an object
That time itself might not yet have tamed

Though nestled by it near the dark riverbank,
To see time labor toward us
Through centuries and clouds.

Index of First Lines

F R E N C H

ENGLISH